Pequeños exploradores

Vamos a descubrir

PARÍS

Textos de Daniela Celli
Ilustraciones de Laura Re

QUERIDOS PADRES:

Viajar con niños puede resultar complicado y agotador,
PERO TAMBIÉN SORPRENDENTEMENTE EXTRAORDINARIO Y DIVERTIDO.
Y, en particular, visitar París con niños puede convertirse en una experiencia
apasionante. Sin ellos, el centro Pompidou seguiría siendo un edificio
extraño que choca con la arquitectura circundante y muy probablemente
no os reiríais frente al obelisco de *plaza de la Concordia*, imaginando un pincho
mordido por un gigante.
¿Y qué otra excusa podríais encontrar para empujar con un palo
los barquitos del *Jardines de las Tullerías*?

ESTE LIBRO PRETENDE SER UNA PEQUEÑA AYUDA, UN RECIPIENTE
DE HISTORIAS Y CURIOSIDADES PARA JUGAR Y VIAJAR EN EL SOFÁ O
PARA IR DE VERDAD, ACOMPAÑADOS POR UN GUÍA EXCEPCIONAL...

Dentro he metido todo lo que descubrí viajando con mis hijos
entre *rues* y *places*, incluida esa pizca de magia que la ciudad de las luces
regala a quienes la contemplan con ojos de asombro y que espero
que os llegue también a vosotros.

Dedicado a BG,
mi jazz en el camino hacia Oz.

Daniela Celli

¡BONJOUR, AMIGO!

Me presento: soy *Le Chat Noir* y será un verdadero placer llevarte conmigo
por París. Esta *cité* está llena de sitios curiosos, historias divertidas
y a veces incluso de terror ¡para que no nos aburramos!

¿Sabías, por ejemplo, que en algunas zonas verdes utilizan CABRAS
en lugar de cortacésped? ¿Y que en *Montmartre* ronda un
FANTASMA SIN CABEZA?

Alors, si tienes curiosidad por saber más, podemos salir: he preparado
para ti CUATRO ITINERARIOS DISTINTOS que nos llevarán a descubrir
palacios y museos, plazas, catedrales y callejones.

Cada ruta comienza con un MAPA, en el que encontrarás representadas
las ETAPAS previstas. No te preocupes si te entra hambre: *bien sûr*,
¡también he pensado en eso!

Entre una maravilla y otra incluso habrá tiempo
para jugar a algunos juegos juntos...
¡LO IMPORTANTE ES MANTENER SIEMPRE LOS OJOS BIEN ABIERTOS!

BON VOYAGE!

ÍNDICE

PARÍS

Bonjour amigo
¡bienvenido a la ciudad de las luces!

5 ARCO DEL
DE TRIUNFO

4 LOS CAMPOS ELÍSEOS

3 PLAZA
DE LA CONCORDIA

SENA

RUTA 1

Te he preparado un itinerario que, entre MOMIAS y MONUMENTOS EXTRAÑOS, nos llevará a descubrir tres *arrondissements*.
¿QUÉ SON?
Alors, trata de imaginar París como un gran caracol, cuya concha se extiende desde el centro hacia fuera. Cada pedacito es un *arrondissement*. Se empieza desde el número 1, en el que nos encontramos ahora, y dando vueltas y vueltas llegamos al número 20.

JARDINES DE LAS TULLERÍAS

2

LOUVRE 1

• La ciudad de las luces

Dado que en los tiempos del REY SOL no existía la iluminación eléctrica, para iluminar la oscuridad de la noche se pedía a los ciudadanos que mantuvieran velas encendidas en las ventanas. Con el descubrimiento de la LUZ DE GAS, aparecieron farolas y linternas que, en 1870, sumaban más de 20 000. Por eso a París se la llama «LA CIUDAD DE LAS LUCES» (*la ville lumière*).

• El río Sena

París nació y se desarrolló alrededor del Sena, uno de los ríos franceses más importantes. Hay 37 puentes en la ciudad, cada uno con sus propias curiosidades.
¿Sabes, por ejemplo, cuál es el más antiguo? El llamado *Pont Neuf* (Puente Nuevo). EXTRAÑO, ¿VERDAD?

LOUVRE

Et voilà, estamos a punto de entrar en uno de los museos más grandes
del mundo, ¡que alberga más de 380 000 objetos y obras de arte!

• Una pirámide en el centro de París
¿Te imaginas una entrada más espectacular que esta?
¡Se puede acceder al museo bajando a una pirámide formada
por 675 cuadrados y 118 triángulos de cristal!

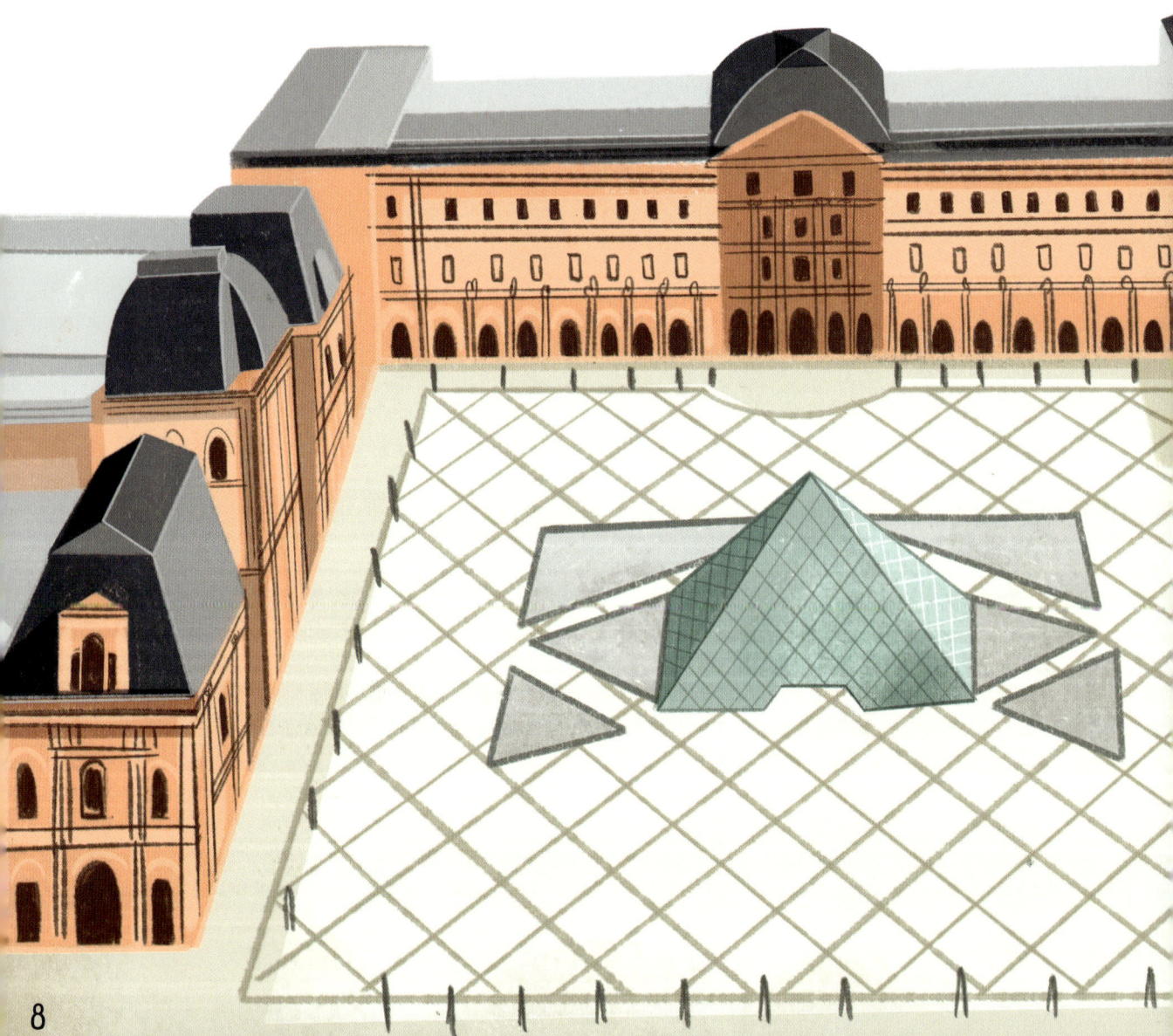

El edificio que alberga el museo del Louvre fue construido en la Edad Media para proteger París de los vikingos y más tarde se convirtió en el Palacio de los reyes.

Visitarlo es como entrar en una máquina del tiempo: puedes caminar entre las momias del antiguo Egipto, entre las estatuas de la antigua Grecia o admirar las obras de los pintores europeos más importantes.

El Museo ofrece varias rutas para niños: ¡te sugiero que pruebes, por ejemplo, la divertidísima búsqueda del tesoro!

ALLEZ,
¡MIL MARAVILLAS
NOS AGUARDAN!

E STOS SON ALGUNOS TESOROS
IMPERDIBLES DEL MUSEO:
CONOZCÁMOSLOS MEJOR...

• **Las aventuras de la *Dama di Auxerre***
Antes de llegar al museo, esta estatua esculpida
en Creta hace casi TRES MILENIOS vivió realmente
muchas aventuras.
Formó parte de un espectáculo, se convirtió en un
sombrerero y ¡fue abandonada en la calle hasta que
un arqueólogo la encontró!

• **¡*Bienvenue* a Egipto!**
Con más de 50 000 piezas, la colección del Louvre
dedicada al antiguo Egipto es la segunda más
importante del mundo después de la de El Cairo y te
permitirá descubrir los secretos de un
pueblo extraordinario.

¿Sabías, por ejemplo, que los egipcios momificaban
los cuerpos, con el fin de que se conservaran para
la vida en el REINO DE LOS MUERTOS?
La técnica implicaba la extracción de
los órganos internos y una larga
inmersión en agua salada.
Después cubrían el cuerpo
con aceites y lo envolvían
en vendas, para terminar
directamente en un...
¡SARCÓFAGO!

• Huyendo con el diamante

El *Régent* es uno de los diamantes más grandes que existen en el mundo. Antes de exponerse en el *Louvre* brilló en la corona del rey Luis XV y en la empuñadura de la espada de NAPOLEÓN.

• Todos locos por la Gioconda

El famoso cuadro de Leonardo Da Vinci está bien protegido contra robos, pero entonces... ¿quién tendría el valor de robar la legendaria Mona Lisa?

Pues bien, una noche de 1911 el cuadro desapareció y fue encontrado solo dos años después en Florencia. El ladrón era el italiano VINCENZO PERUGGIA que, haciéndose pasar por un trabajador del museo, ¡logró su objetivo!

• La Venus rompe corazones

Encontrada por casualidad por un campesino griego, la célebre *Venus de Milo* estaba literalmente destrozada: al torso le faltaban los brazos y las piernas, la nariz y el pie izquierdo, que se encontraron más tarde excavando cerca de allí.

AUNQUE NO ESTABA ENTERA, ERA HERMOSÍSIMA. ¡INCLUSO EL REY LUIS XVIII SE PASABA HORAS Y HORAS CONTEMPLÁNDOLA!

JARDINES DE LAS TULLERÍAS

¡Te damos la bienvenida al jardín de las tejas!
¿Quieres saber por qué tiene un nombre tan inusual?

La reina Catalina de Médici hizo construir aquí su nuevo Palacio. Lo quería con un hermoso jardín, lleno de fuentes y laberintos como el de su Florencia, y por eso llamó a un arquitecto italiano a París.

En aquel tiempo esta zona estaba ocupada por talleres que fabricaban las tejas para los tejados de todas las casas, las tullerías.

POR ESO TODAVÍA HOY
SE LLAMA ASÍ.

• ¡Hagamos de marineros!
¿CÓMO DICES? ¿QUE EN PARÍS NO HAY MAR?
¡Miau!, tienes razón, ¡pero *Alain* y sus
pequeños *bateaux* nos pueden ayudar!
Fue él quien construyó estos barquitos con velas
de colores, siguiendo una tradición
¡que se mantiene desde hace 150 años!
COGE UNO JUNTO CON EL PALO PARA EMPUJARLO
EN EL ESTANQUE: ¡EL VIENTO HARÁ EL RESTO!

Busca y encuentra...
¿Qué tal si jugamos a un juego?
Mira bien alrededor y trata de encontrar:

12 palomas

3 pelotas

3 bicicletas

1 perrito   ...¡y mi colita!

13

PLAZA DE LA CONCORDIA

Allez mon ami, ¡solo unos pocos pasos y habremos llegado!
¡Bienvenido a la Plaza de la Concordia!

Hoy este nombre recuerda la paz y la armonía, pero no siempre fue así.
Durante la Revolución Francesa fue aquí donde se instaló la guillotina, una
terrible máquina diseñada para cortar la cabeza a los condenados a muerte:
entre ellos también estuvieron el REY LUIS XVI, la REINA MARIA ANTONIETTA
y miles de personas más.

• Un «pincho» de piedra muy pesado

Y ahora mira allí. ¿No es magnífico este largo «pincho» de piedra?
Mandado construir por el FARAÓN RAMSÉS II hace más de 3000 años,
permaneció en Egipto hasta 1833, cuando fue regalado a Francia. El
obelisco está cubierto de JEROGLÍFICOS y, si te fijas en la base, verás
dibujos que muestran la maquinaria usada para el transporte.

¡INTENTA MOVER UN PESO EQUIVALENTE
A MÁS DE 50 ELEFANTES!

• Un reloj gigante

Quizás pocas personas lo sepan, pero el obelisco también funciona como un gigantesco reloj de sol. Al igual que un reloj de sol real, su sombra, proyectada sobre la plaza, actúa como una manecilla.

Y SI MIRAS ATENTAMENTE EL SUELO, VERÁS TAMBIÉN LOS NÚMEROS.

¿Construimos un verdadero reloj de sol?

SE NECESITA:
• un palo • 12 piedrecitas
• un marcador permanente
• un día soleado

PROCEDIMIENTO:
Planta un palo en el suelo. Espera la hora exacta y márcala con el marcador sobre una piedra que colocarás exactamente en el punto donde cae la sombra. Haz lo mismo cada hora hasta que se ponga el sol. Al día siguiente, observando la sombra del palo, ¡podrás saber qué hora es!

LOS CAMPOS ELÍSEOS

¿Ves esta preciosa avenida arbolada de casi dos kilómetros de longitud? Es una de las avenidas más famosas del mundo. Mientras caminas podrás ver jardines, palacios, tiendas de lujo, cines y restaurantes. ¡Un verdadero paraíso!

PERO ESPERA UN MOMENTO, ME HA ENTRADO HAMBRE...
¿QUÉ TAL UN *CROQUE-MONSIEUR* ANTES DE CONTINUAR?

• Monsieur et Madame

No se sabe exactamente por qué esta tostada a la plancha rellena de jamón, queso y bechamel se llama *croque-monsieur* («muerde al señor»), ¡pero te puedo asegurar que está deliciosa! ¡También existe una variante femenina que implica la adición de un huevo frito!

ARCO DEL TRIUNFO

Después de ganar la célebre batalla de Austerlitz, el emperador NAPOLEÓN BONAPARTE dijo a sus soldados: «¡Volveréis a vuestras casas solo bajo arcos de triunfo!». Ese mismo año se colocó en París la primera piedra del famoso monumento. En realidad tuvo que pasar mucho tiempo antes de verlo terminado: ¡30 AÑOS ENTEROS!

• Una hazaña prodigiosa

Un siglo después de Napoleón, algunos tomaron su frase literalmente. Para celebrar el final de la Primera Guerra Mundial el aviador *Charles Godefroy* ¡voló con su biplano exactamente en medio del Arco de Triunfo!

Bonjour mes petits voyageurs!

SENA

4 MUSEO DE ORSAY

5°Art

RUE DU

CHAT-QUI-PÊ

RUE DU CHAT-QUI-PÊCHE 2

LOS JARDINES DE LUXEMBURGO

3

RUTA 2

La aventura de hoy nos llevará a dar un paseo por las islas fluviales parisinas, donde se encuentra una de las catedrales más famosas del mundo. Desde aquí continuaremos nuestro *tour* para descubrir algunos de los lugares de la *Rive Gauche*, la orilla izquierda del Sena, el río que divide la ciudad en dos.

1 NOTRE-DAME

• Playas de la ciudad

En cuanto llega el verano, grandes barcos transportan toneladas de arena, palmeras y tumbonas hasta las orillas del río, ¡y algunos tramos fluviales se transforman en auténticas playas! ¿NO ES... *FANTASTIQUE*?

• Un regalo bonito y útil

Entre las numerosas fuentes parisinas trata de encontrar las fuentes Wallace.

Desde hace más de 150 años ofrecen AGUA POTABLE GRATUITA. Hay al menos un centenar de ellas, de color verde oscuro, decoradas con serpientes marinas, cariátides y delfines. ¿Puedes encontrar una en el mapa?

NOTRE-DAME Y LAS ISLAS DE LA CIUDAD

Mi amigo, estamos en las islas de la ciudad, ¡una isla en el centro de París!

Esa que ves es *Notre-Dame*, la CATEDRAL GÓTICA más conocida en el mundo. Tiene más de 700 años, pero un triste día de 2019 fue dañada por un incendio que provocó el hundimiento de la aguja y el techo.
¡Pasará algún tiempo antes de que todo vuelva a la normalidad!

• Canalones espeluznantes

¿Ves aquellas figuras monstruosas? Son *gargouilles*, o gárgolas, que se utilizan para dejar salir el agua cuando llueve. Sin embargo, en el pasado también se creía que protegían contra el mal.

• La gran Emmanuel

En *Notre-Dame* hay 10 campanas. La más grande, *Emmanuel*, pesa más de 13 toneladas, ¡el equivalente a 9 hipopótamos!

• Deliciosos refrigerios

¡Ha llegado la hora de... *goûter*! En Francia llamamos así a la MERIENDA y este es el sitio perfecto para nosotros: *Berthillon*, ¡la heladería más antigua de París! ¡Búscala en el mapa antes de decidir QUÉ SABOR PREFIERES!

ANÉCDOTAS DE TOPONIMIA

La toponimia es la ciencia que estudia los nombres de lugares.

• Calles sin nombre

En otro tiempo en París, como en muchas otras ciudades, las calles no tenían nombre y concertar una cita era muy complicado: «*ALORS*, NOS VEMOS MAÑANA, EN ESA CALLECITA DE LA ORILLA IZQUIERDA DEL RÍO, TAN ANCHA COMO SEIS PERROS MEDIANOS, DONDE ESTÁ LA TABERNA CON EL CARTEL DE UN GATO HUYENDO…».

Por suerte en 1728 la cosa cambió y hoy cada calle tiene su nombre escrito en una preciosa placa azul.

• Rue du Chat-qui-Pêche

¡Es una de las calles más estrechas de París! Según la leyenda, se llama así porque aquí vivía un gato que era tan hábil pescando que solo necesitaba una pata para atrapar los peces.

¿JUGAMOS A UN JUEGO?

¡Inventa un nombre divertido para una calle
e imagina la historia detrás de él!

....

....

Algunos términos franceses

- *Avenue*: avenida, calle muy grande
- *Ruelle*: callejón
- *Promenade* : un lugar donde se pasea
- *Quai*: ribera
- *Rue*: calle
- *Place*: plaza
- *Montée*: calle en subida

LOS JARDINES DE LUXEMBURGO

Los Jardines de Luxemburgo son uno de los parques públicos más grandes y elegantes de París. Un oasis verde donde los niños pueden divertirse dando de comer a los patos *(les canards)*, empujar los barquitos en el *Grand Bassin* ¡o presenciar un espectáculo!

• ¿Te gustan les marionnettes?

Robert Desarthis las adoraba desde que era niño. Fue él quien creó el primer TEATRO DE TÍTERES de Francia, que desde casi 100 años se encuentra en el centro del jardín.

• Las hermanas de Lady Liberty

Todo el mundo conoce la famosa Estatua de la Libertad: es el símbolo de Nueva York; ¡pero fueron los franceses quienes se la dieron a América! En París hay SEIS COPIAS, aunque mucho más pequeñas, y una de ellas se encuentra aquí mismo.

¿CONSIGUES VERLA?

Busca y encuentra...
En el Jardín hay 106 estatuas, encuentra la que tiene forma de...

• león
• búho
• ciervo
• delfín

MUSEO DE ORSAY

Bienvenue au Musée!

Parece increíble, pero donde ahora se exponen cuadros, estatuas y otras obras de arte, antiguamente salían y llegaban trenes: ¡el *Museo de Orsay* era una estación! Si mantienes los ojos abiertos, descubrirás fácilmente pistas sobre su pasado: los nombres en la fachada, los relojes gigantes y el techo de cristal.

• Al aire libre

Aquí se conserva la mayor colección de cuadros de los impresionistas y posimpresionistas, artistas como MONET y VAN GOGH, a quienes les encantaba pintar al aire libre. En lugar de representar lo que veían como si fuera una fotografía, los impresionistas se dejaban inspirar por la LUZ y el color y, pincelada tras pincelada, crearon sus OBRAS MAESTRAS.

• Recipientes extraños

Antes de que el americano *John Goffe Rand* inventara los tubos de estaño en 1841, los colores se conservaban en paquetes hechos de... vejiga de cerdo. ¡PUAJ!

• Oso Blanco

Esta estatua lisa, sin un pelo fuera de lugar, es el oso blanco de *François Pompon*, símbolo del Museo.

¡QUÉ CELEBRIDAD!

¡Descubramos algunos secretos
de tres personajes famosos
que hemos conocido!

• Pasión por las caricaturas
(Monet, en el museo de Orsay)

Al célebre pintor impresionista Claude Monet no le gustaba ir a la escuela. Para combatir el aburrimiento durante las clases, solía garabatear en los márgenes de sus libros: dibujaba guirnaldas y adornos realmente fantásticos, pero también... dibujaba a sus profesores, exagerando sus pequeños defectos.

El profesor de ciencias se convirtió en un hombrecillo con una nariz enorme y la profesora de francés se encontró... ¡un enorme grano!

• El papá de Quasimodo

(*El campanero de Notre-Dame*)

Victor Hugo, el gran escritor francés, pasó la mayor parte de su vida en París, donde ambientó muchos de sus libros.

UNA DE SUS NOVELAS, NOTRE-DAME DE PARÍS, CUENTA LA HISTORIA DE QUASIMODO, EL CAMPANERO JOROBADO QUE VIVE ENTRE LAS AGUJAS DE LA CATEDRAL.

• El emperador acusado injustamente

(*Napoleón, en el Arco del Triunfo*)

Sobre Napoleón Bonaparte, rey de Italia y emperador de Francia, circulan muchas mentiras: se dice que era muy bajito, que «robó» la Mona Lisa a Italia y que padecía un dolor de estómago tan fuerte que siempre llevaba una mano dentro del chaleco.

EN REALIDAD, NAPOLEÓN MEDÍA 1,68 CENTÍMETROS, LA MONA LISA FUE TRAÍDA A FRANCIA POR LEONARDO DA VINCI Y EL VALIENTE CAUDILLO SOLO SE PONÍA LA MANO ASÍ CUANDO LE HACÍAN UN RETRATO, ¡PRECISAMENTE COMO SE HACÍA EN AQUEL TIEMPO!

¿Listo para una *nouvelle aventure*?

TORRE EIFEL

1

SENA

4

3 TIOVIVO

MUSEO DEL
ALCANTARILLADO

2 CAMPO
DE MARTE

RUTA 3

Hoy subiremos a la cima del símbolo más famoso de París, jugaremos en un precioso parque lleno de estatuas y fuentes y luego nos convertiremos en exploradores del subsuelo, bajando a misteriosos túneles llenos de hedo…, ehm, de encanto.

• Fuerte como un… gallo

Antiguamente Francia estaba habitada por un pueblo que los romanos llamaban GALOS. Los guerreros llevaban grabadas en su yelmo dos alas de este animal y todavía hoy *le coq*, el gallo, es un emblema de Francia, ¡presente incluso en las camisetas de los deportistas!

• El barco mosca

Una manera fascinante de visitar la ciudad es admirarla desde el agua, tal vez mediante un barco mosca: ¿lo ves en el mapa?

La idea de hacer navegar a los turistas por el Sena viene de hace casi un siglo, cuando *Jean Bruel* compró un barco que se llamaba LA VIEJA MOSCA.

LA TORRE EIFEL

¡MIA...UAU! Perdona, amigo, pero aunque vivo en París es siempre una gran *émotion* encontrarme frente a uno de los monumentos más queridos del mundo. Piensa que cuando el señor Gustave Eiffel presentó su proyecto para la EXPOSICIÓN UNIVERSAL, muchos lo criticaron, definiendo la torre como un monstruoso ¡ESPÁRRAGO DE HIERRO!

• Lista en un tiempo récord

A pesar de la enorme dificultad que supuso montar 18 000 piezas de hierro a alturas vertiginosas, ¡las obras duraron solo dos años!

El día de la inauguración, el 31 de marzo de 1889, Eiffel subió los 1710 escalones hasta la cima, izó la bandera francesa y disparó 21 salvas de cañón.

• Cambios de estilo

La dama de Hierro, como nos gusta llamarla a los franceses, no ha sido siempre marrón.

Inicialmente *Gustave Eiffel* hizo pintarla de rojo y luego fue también de color bronce y amarillo ocre.

• Un dulce panorama

¿Qué tal subir a la cima?
El panorama es *stupéfiant* y en el segundo piso hay un bar que vende *macarons*, deliciosas pastas formadas por dos merengues unidos por un relleno de mil sabores y colores: rosa fresa, verde pistacho, marrón chocolate... ¡y hasta naranja calabaza, que es mi favorito!

1889

EL CAMPO DE MARTE

Frente a la *Torre Eifel* se extiende el *Campo de Marte*, otro gran jardín público lleno de hermosos parterres de flores, estanques y avenidas en las que pasear, correr o sentarse a hacer un pícnic con vistas a la dama de hierro. El jardín fue diseñado a instancias de LUIS XV, que decidió hacer construir también una escuela militar.

Por este motivo se llama CAMPO DE MARTE, ¡un homenaje al dios romano de la guerra!

• Guerra y Paz

Al final del parque, a dos pasos de la escuela militar, estaba el *Mur de la paix*, el MURO DE LA PAZ, un hermoso monumento compuesto por una larga lámina de vidrio en la que está escrita la palabra paz en 32 IDIOMAS DISTINTOS. En francés decimos *paix*, ¿sabes traducirla en otros idiomas?

• Pruebas de vuelo

Los hermanos *Montgolfier*, inventores del globo aerostático realizaron algunos de sus primeros experimentos de vuelo aquí mismo.

¡LOS PRIMEROS AERONAUTAS FUERON UNA OVEJA, UNA OCA Y UN GALLO!

Busca y encuentra...

Del globo han caído:

una baguette

unas gafas

un cepillo de dientes

un libro

una pelota

35

EL TIOVIVO

Ningún niño puede irse de París sin dar al menos un paseo en uno de los muchos *carruseles*, los tiovivos con caballos de madera que giran en círculos.

El más pintoresco es el que está delante del Puente de Jena. ¿En qué otro lugar podrías cabalgar entre un río y una torre de hierro?

• Una idea del pasado

Durante las justas medievales, ocasiones parecidas a los torneos, el caballero al galope debía tratar de golpear con su lanza un títere que giraba sobre sí mismo.

¡AQUÍ ES JUSTO DONDE NACIÓ LA IDEA!

• No solo caballos

En los carruseles parisinos no solo se monta a caballo. En el Jardín des Plantes se gira con leones, tortugas y elefantes, mientras que en La Villette la diversión viaja a bordo de aviones y trenes.

EL MUSEO DEL ALCANTARILLADO

¡Y ahora bajamos! ¿Adónde? ¡Bajo tierra!
En el *Museo del Alcantarillado* se exploran las zonas subterráneas y se descubren todos los secretos de un mecanismo fundamental para todas las ciudades.

• El gran hedor

¡Antiguamente no había alcantarillas y todas las aguas residuales, nocivas y malolientes, terminaban en las calles!
Afortunadamente, hoy en día existe un sistema de túneles subterráneos que recogen los residuos y los mantienen alejados de la ciudad.

• ¡Cuidado con los ratones!

¡Es bien sabido que los ratones son muy aficionados a las alcantarillas! Hablando de *rats*, ¿has visto la película *Ratatouille*? ¡Al comienzo de su aventura, el pequeño Rémy se pierde justamente aquí!

Y AHORA, DIME, ¿ERES VALIENTE?
SI LO ERES, ENTONCES PUEDES PASAR LA PÁGINA...

¡MISTERIOS Y FANTASMAS!

• El fantasma de la Ópera
(Opéra Garnier, Place de l'Opéra IXe arrondissement)

Desde que se construyó, la *Opéra Garnier*, el teatro más famoso de París, fue la protagonista de numerosos fenómenos misteriosos, como ruidos provenientes del sótano.

La «culpa» sería de un fantasma escondido en los túneles bajo el teatro, un pobre pianista que llevaba una máscara para esconder su rostro desfigurado por un incendio.

• La leyenda de la piedra filosofal
(Casa Nicolas Flamel, 51 rue de Montmorency, IIIe arrondissement)

¿Has oído hablar alguna vez de *Nicolas Flamel* y de la piedra filosofal?

Se dice que este anciano, alquimista y también un poco mago, inventó una piedra capaz de transformar metales en oro y de fabricar el elixir de la vida, ¡un brebaje mágico que convierte en inmortal a quien lo bebe!

Según la leyenda el hombre escondió la fórmula secreta en su casa.

PARA ENCONTRARLA Y PROBAR SUERTE, ¡DIRÍGETE AL BARRIO DEL MARAIS!

• El fantasma sin cabeza

(Fuente de la plaza Suzanne-Buisson, Montmartre XVIIIe arrondissement)

Paseando por el barrio de *Montmartre*, puedes encontrarte con una fuente coronada por una inusual estatua de un hombre que sostiene entre las manos su cabeza separada: representa al primer obispo de París, el mártir *Saint-Denis*.

SEGÚN LA LEYENDA, PARECE QUE TRAS SER DECAPITADO EL POBRE HOMBRE RECOGIÓ SU CABEZA, LA LAVÓ Y SIGUIÓ CAMINANDO DURANTE SEIS KILÓMETROS.

• Estaciones Fantasma

(Porte des Lilas-Cinema)

¿Qué secretos se ocultan bajo las ESTACIONES DE METRO FANTASMA? En realidad se llaman así desde que fueron abandonadas y ya no se utilizan. Eso no les quita el encanto a estos lugares misteriosos.

¿Te puedes creer que ya hemos llegado al último itinerario?

LES
HALLES   1

RUE MONTORGUEIL

2
CENTRO
POMPIDOU

SENA

RUTA 4

Eh bien oui, cuando uno pasea por París, ¡el tiempo vuela!

Así que vámonos, será mejor empezar porque ¡tenemos un montón de cosas divertidas que hacer y que ver en la Orilla derecha!

Jugaremos a encontrar carteles extraños en una calle parisina muy sabrosa, luego nos adentraremos en uno de los museos más extraños del mundo y, por último, iremos a buscar a cierto personaje que... ¡pero no seas demasiado curioso!

TODO TIENE SU TIEMPO....

EL DEFENSOR DEL TIEMPO 4

FUENTE STRAVINSKY 3

• Cortacéspedes ecológicos

Para cortar el césped de las zonas verdes junto a los bulevares, recientemente se ha adoptado un sistema llamado ECO-PASTO.

En lugar de cortacéspedes, se alquilan cabras y carneros, que están felices de trabajar... mientras comen.

• ¡Vacía el trastero!

Continuando el paseo por los distintos *arrondissements*, es posible que te topes con un *vide-grenier*, los famosos mercadillos que te ayudan a vaciar los desvanes. En estas ocasiones, jóvenes y mayores pueden deshacerse de lo que ya no utilizan, ¡en lugar de dejárselo «a las pulgas»! Por si no lo sabes, los mercados de las pulgas son mercados de objetos usados, típicos de París.

LES HALLES
Y RUE MONTORGUEIL

¡Adéntrate en el mercado más antiguo y más... nuevo de la ciudad!

Oh no, *mon ami*, no estoy loco. Donde ahora hay un flamante centro comercial cubierto por un techo de cristal, antiguamente había una gran zona donde los comerciantes venían a vender sus productos: *Les Halles* fue el primer mercado de París.

• Una entrada para comer... ¡despacio!

Desde hace casi dos siglos el restaurante *L'Escargot Montorgueil* ofrece a sus clientes un plato típico de la cocina francesa: ¡los caracoles! Por lo general, los *escargots* se sirven con un tenedor especial con dos ganchos que se utiliza para sacarlos de la concha.

¡Por todas las raspas de salmonete! ¿También a ti te ha entrado un hambre de lobo?

¡Por suerte estamos en el barrio adecuado! En *Rue Montorgueil*, se encuentran puestos de frutas y verduras, queserías, pastelerías y restaurantes simplemente *très délicieux*.

• Dulces dignos de un rey

Stohrer, la pastelería más antigua de París, fue fundada en 1730 por el *chef pâtissier* del rey de Polonia, cuya hija se casó con Luis XV. El cocinero la siguió hasta el palacio de *Versailles*, donde inventó numerosos manjares, entre los cuales el famoso babà de ron. Según una leyenda, el astuto pastelero pensó en ablandar el babà con licor porque el padre de la muchacha… ¡no tenía dientes!

Busca y encuentra…
Algunos de los carteles indican qué se vende dentro del *magasin*. ¿Puedes encontrarlo en las tiendas siguientes?

• L'Escargot Montorgueil
• Queseria La Fermette
• Le Palais du Fruit
• Café Montorgueil

CENTRO POMPIDOU

Te damos la bienvenida al *Centro Pompidou*, el centro cultural que alberga una de las mayores colecciones de arte moderno y contemporáneo del mundo. ¿No crees que se parece a una gigantesca nave alienígena?

Cuando se construyó en 1977, no todos apreciaron su extraña estructura. De hecho, en las paredes exteriores se ve claramente todo lo que normalmente está oculto en los edificios: tuberías, conductos eléctricos, ascensores, escaleras mecánicas, ¡todo con su propio color!

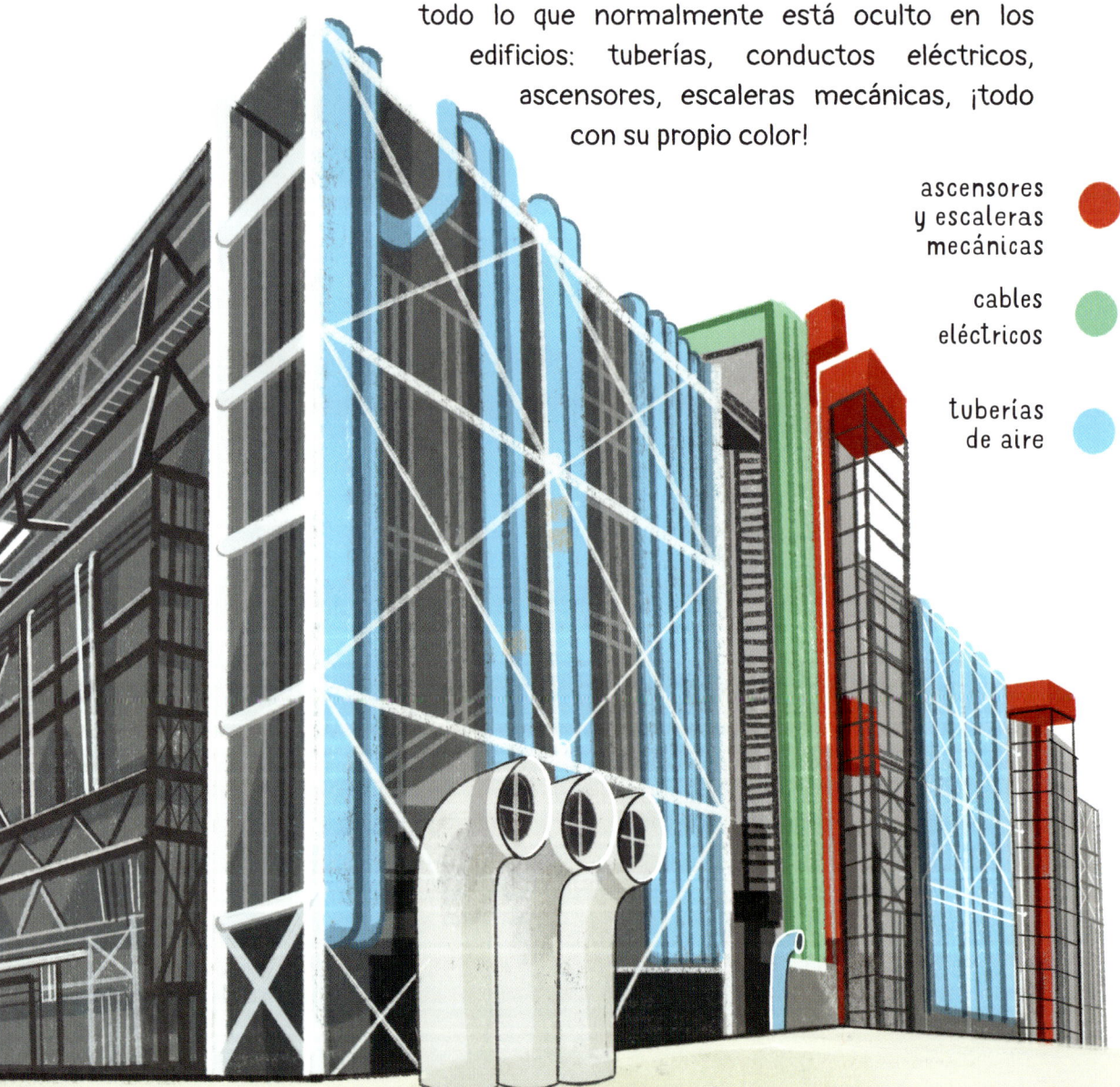

ascensores y escaleras mecánicas

cables eléctricos

tuberías de aire

• Obras maestras interminables

El *Beaubourg*, como nos gusta llamarlo a los parisinos, alberga más de 100 000 obras de arte realizadas en el transcurso de los últimos 100 años: Picasso, Chagall, Magritte y Kandinski son solo algunos de los grandes artistas presentes en el museo.

¿HAS VISTO ALGUNO DE SUS CUADROS?

• Aprender jugando

La Galerías de los niños es una zona enteramente dedicada a los pequeños artistas. Aquí se puede jugar, tocar las obras de arte, hacer experimentos ¡y construir tus propias obras maestras!

¿TE GUSTA MI AUTORRETRATO? ¿QUIERES INTENTAR HACER EL TUYO?

LA FUENTE STRAVINSKY
Y EL DEFENSOR DEL TIEMPO

¡Por mil sardinas en escabeche, vaya fuente! ¡Cómo brillan las salpicaduras de agua que salen de esas extrañas figuras! ¡Algunas incluso se mueven! Será mejor que te mantengas alejado...

ES QUE... ¡NO ME GUSTA MUCHO BAÑARME!

• La Fuente Stravinsky

Es un homenaje al gran músico y compositor Igor Stravinsky.
¡Las dieciséis figuras de aluminio que la componen tienen formas inspiradas en sus obras y bailan como si fueran un ballet!

• Como en un cuento de hadas

El animal con alas extrañas y una corona de plumas doradas es «el pájarode fuego», un personaje del *ballet* compuesto por *Stravinsky*.

El cuento ruso que lo inspiró, habla de un mago malvado capaz de petrificar a la gente, de un príncipe enamorado y de un pájaro con plumas mágicas.

• El defensor del tiempo

Miau quisiera llevarte a ver una última cosa: ¡un reloj extraordinario!

Se encuentra en la fachada de un edificio en *Rue Bernard de Clairvaux* y está formado por autómatas que se mueven.

A cada hora en punto el hombre con espada y escudo lucha contra uno o los tres animales (un pájaro, un dragón y un cangrejo) que bufan, gruñen y retumban.

¿Y sabes quién es?
EL DEFENSOR DEL TIEMPO.

À BIENTÔT

Ha llegado el momento de decirnos adiós...
Recuerda, amigo, el tiempo es algo valioso y el que se destina a descubrir el mundo no es nunca ¡tiempo perdido!

¡Palabra de Le Chat Noir!

47

LAURA RE

Nació en Roma y asistió a la Escuela Romana de Cómics. Inmediatamente después, colaboró con estudios de animación, donde ocupó el puesto de diseñadora de personajes, artista conceptual e ilustradora. Tras asistir a la Escuela Internacional de Ilustración de Sàrmede, se trasladó a Milán para cursar el Máster en Ilustración de Mimaster. Aquí ha profundizado sus conocimientos sobre la edición y la ilustración infantil.

Maquetación: Valentina Figus

WS whitestar kids® es una marca registrada propiedad de White Star s.r.l.

© 2024 White Star s.r.l.
Piazzale Luigi Cadorna, 6
20123 Milán, Italia
www.whitestar.it

Licenciatario de National Geographic Partners, LLC.

NATIONAL GEOGRAPHIC and Yellow Border Design are trademarks of the National Geographic Society, used under license.

Traducción: Qontent
Edición: Yaiza Cañizares

ISBN 978-88-540-5513-1
 2 3 4 5 6   30 29 28 27 26

Impreso en Rumania por Rotolito Romania
Pantelimon Ilfov, Rumania

MIXTO
Papel | Apoyando la silvicultura responsable
FSC® C178000
www.fsc.org

DANIELA CELLI

Nació en Florencia en 1977. Después de estudiar piano en el conservatorio Luigi Cherubini, se trasladó a Nueva York, donde comenzó a estudiar Criminología. En 1997 regresó a Italia y se graduó en Derecho y obtuvo, además, un diploma en la Academia de Arte Dramático. Siempre apasionada por los viajes, desde 2008 escribe en un blog sobre las aventuras con su familia viajando por todo el mundo.

Le *Chat Noir* vive en París desde 1881. Se dice que un hombre llamado Salis, al verlo vagar por los callejones próximos a su restaurante, decidió llamarlo así y luego el gato se hizo tan famoso que apareció en revistas y carteles. ¡Le encanta el pescado frito, las historias de fantasmas y conoce todos los secretos de la ciudad!